Baron Sébastien de la Bouillerie

VERRON

NOTES ET DOCUMENTS

MAMERS

G. FLEURY ET A. DANGIN, IMPRIMEURS-ÉDITEURS

1893

VERRON

NOTES ET DOCUMENTS

Baron Sébastien de la Bouillerie

VERRON

NOTES ET DOCUMENTS

MAMERS

G. FLEURY ET A. DANGIN, IMPRIMEURS-ÉDITEURS

—

1893

VERRON

NOTES ET DOCUMENTS

I

Les recherches que j'ai faites sur la paroisse et commune de Verron ne m'ont pas donné les résultats suffisants pour dresser une histoire proprement dite de cette localité. Les archives du Mans, si riches sur plusieurs communes, sont assez pauvres sur Verron. Les cartons de la fabrique et de la cure sont vides. Les registres de l'état-civil ont été détruits lors du passage des Vendéens, le 10 frimaire an **II** ; il n'en reste que trois ou quatre de 1690, et de 1720 à 1788 ; encore ne sont-ce que des copies. Aucun château sur le territoire ne possède d'archives. Enfin les quelques personnes que j'ai pu consulter ne m'ont presque rien appris. Je me vois donc obligé de publier mes notes à peu près telles que je les ai recueillies, renonçant à les relier entre elles, à cause des lacunes, et à leur donner une forme moins aride, à cause du peu d'abondance.

II

Verron est un petit village situé à trois kilomètres de La Flèche, sur la grande route de cette ville à Sablé, à l'extrémité de la plaine de la Vallée du Loir, au pied du coteau qui borde cette vallée sur la rive droite. Un ruisseau, *le Verron*, descendant des hauteurs, traverse le bourg où il fait tourner un moulin et coule vers le Loir, à travers les terrains bas. Le chemin de fer qui, depuis La Flèche, longe la route départementale, la coupe au milieu de la montée pour gravir lui-même le plateau en suivant une forte rampe. Des prairies sillonnées par de longues files de peupliers et des vignes renommées pour un vin blanc d'assez bonne qualité, constituent un paysage sans caractère au milieu duquel un seul objet fixe l'attention : le clocher de l'église, dont la flèche, plantée de travers sur sa base, semble tenir là par vieille habitude, seconde nature.

III

Le *fief de Verron* et la seigneurie de paroisse avaient leur siège à la Grand-Maison, édifice situé dans le bourg.

Ce fief appartenait en 1509 à la succession de Pierre de Maulny et de Françoise de Beaumanoir. Il fut attribué dans le partage effectué entre François et Renée de Maulny à cette dernière, épouse de Guillaume de Maridort (1).

En 1565, Ollivier de Maridort rend aveu à la baronnie de La Flèche pour sa terre et seigneurie de Verron (2).

Françoise de Maridort, fille aînée d'Ollivier, en hérita. Elle avait épousé en premières noces, Jean de Coesmes, et, en secondes noces, Charles de Chambes. En 1576, elle avait acheté la terre et seigneurie de Saint-Germain du Val. Elle possédait aussi Château-Sénéchal, les Bancs, etc. (3).

Décédée en 1620 (4), ainsi que son mari, elle laissa deux

(1) Pesche. *Dict. de la Sarthe.*
(2) Fonds Choiseul, à la Flèche.
(3) Cabinet de M. Brière, au Mans.
(4) A cette époque la seigneurie de Verron était estimée 45,000 livres (Arch. dép. de la Sarthe, D. 15).

filles, *Françoise*, épouse de Charles de Royer, baron de la Brisollière, et *Marguerite*, femme de Louis de la Barre, sieur de la Brosse, en proie aux menées injustes d'un fils, *René*.

Les sœurs finirent par se débarrasser des difficultés créées par le frère ; la succession put être liquidée et madame de la Barre eut dans sa part Saint-Germain et Verron.

Sa fille Françoise porta ces fiefs à son mari Henri de Maillé, marquis de Rénehard ; ils passèrent ensuite à Anne de Maillé, issue des précédents, épouse (1660) de René du Grenier, baron d'Oleron.

En 1710, Marie-Anne-Geneviève de Maillé petite nièce et héritière d'Anne de Maillé, épouse de Claude de Montboissier, vendit le fief de Verron à Michel Chamillart qui avait déjà acheté Courcelles et qui, plus tard, y joignit La Suze (1).

Le 13 juin 1713, le nouveau propriétaire donna, moyennant rente foncière, à Charles Micault, conseiller du roi au grenier à sel de La Flèche, le lieu de la Grand-Maison et vingt-huit quartiers de vigne au clos des Mollans ; son fils, sieur de la Garlandière, fit l'amortissement de la rente en 1730.

L'un des intendants que les Chamillard préposaient à la régie de leurs propriétés écrivait le 18 avril 1759 « ..... l'in-» génieur des chemins se dispose de faire passer le chemin » de La Flèche à Sablé à travers l'étang du moulin de » Verron » et il engageait « à tâcher de faire détourner le » chemin. »

Le 16 mai suivant il mandait de nouveau : « Le chemin a » rempli plus de la moitié de l'étang et dévasté les jardins » du moulin ; la porte de l'étang est arrachée ; il faut faire » un pont... » et il terminait sa lettre en disant : « l'argent » est rare ici ; je ne puis pas recevoir un sol. J'ai fait plu-» sieurs commandements aux fermiers, cela me sert de peu » de chose ».

(1) Voir *Notice sur Saint-Germain-du-Val*.

Cet intendant prenait du reste l'intérêt de ses maîtres car, en 1762, il faisait savoir que le curé réclamait la réparation de planches et de petits ponts sur lesquels il passait pour porter les sacrements aux malades et il ajoutait : « nous » retarderons à faire la réponse. Comme j'appréhende que » ces ouvrages soient aux dépens des seigneurs, nous mar-» querons alors que les ponts sont en état de passer le » monde sans aucun danger » (1).

Le *fief des Pins* situé à l'extrémité de la commune, dans la direction du Loir, fut illustré par les Baïf. Le manoir était autrefois de la paroisse de Saint-Thomas de La Flèche, mais, comme les limites ont changé, il convient d'attribuer à l'article de Verron l'histoire de ses possesseurs.

Avant l'année 1354 Jean des Pins, seigneur dudit lieu près La Flèche avait, par son testament, fondé une chapelle pour être desservie dans l'église Saint-Jacques de la Maladrerie, à la condition qu'il serait dit deux messes par semaine par l'un des frères de cette église. Il avait légué cent livres à prendre sur ses biens meubles dont la moitié était destinée à la construction de la chapelle et l'autre moitié à l'acquisition de domaines pour la subsistance du desservant. Au mois de novembre 1354, Huet des Pins, frère et exécuteur testamentaire de Jean, déclara prendre la charge de cette fondation et s'engagea à garantir 10 livres de rente au chapelain (2). Huet des Pins laissa par héritage le lieu des Pins à Jean de Mangé. Cela est prouvé par la teneur d'un acte de partage intervenu, en 1365, à propos d'une autre terre, entre ledit Jean de Mangé et Jean de Perriers.

Jean de Mangé, mort après 1371, eut pour successeur son fils Nicolas, qualifié seigneur des Pins en 1403. L'année

(1) Cabinet de M. Brière, au Mans.

(2) Les religieux de la Maladrerie de la Flèche étaient tenus de chauffer le seigneur des Pins et sa femme, tous les dimanches, quand ils allaient à la messe au prieuré de Saint-Jacques.

suivante il donna à bail le moulin du Genetay proche des Pins.

Le fief des Pins passa dans la famille de Baïf (1) par le

CHEMINÉE DES PINS

mariage d'Ysabeau de Mangé avec Antoine de Baïf (avant 1434).

(1) Il rendit aveu des Pins, en 1483, à la seigneurie de la Flèche.

Leur fils aîné, Jean de Baïf, en hérita avec Mangé et la Chalopinière. Il épousa Marguerite de Chasteignier de la Roche-Posay et mourut en 1517 (1). De son mariage il avait eu : François qui fut, après son père, seigneur de Mangé ; Lazare, dont nous allons parler ; Madeleine, épouse de Félix de Chources seigneur de Malicorne ; Marthe, dame du Liège ; et d'autres filles.

Lazare de Baïf, poète, ambassadeur à Venise (1530), conseiller au parlement de Paris, devint le maître des Pins, mais dans des conditions particulières indiquées par une pièce très curieuse qui révèle plusieurs circonstances intéressantes. Elle est datée du 8 novembre 1547 et intitulée : « Inventaire de meubles fait au lieu seigneurial des Pins » après le décès de messire Lazare de Baïf, chevalier, » conseiller et maître des requêtes ordinaires du roi, à la » requête de René Vinet, prêtre, ayant charge de noble » Loys de la Flette, conseiller du roi, et grand rapporteur » de France et Jehan Chappelain, aussi conseiller et docteur » régent de la faculté de médecine et médecin ordinaire du » roi, exécuteurs du testament du défunt, en la présence de » Martin Belenfant, secrétaire du défunt. »

Le manoir se compose d'une cuisine, d'une chambre au-dessus de la cuisine, d'une salle, d'une chambre auprès de la salle. Ces pièces sont garnies de lits sans ornements, de tables sur treteaux, de bancs, de huches et de buffets ; aucun meuble de valeur, nulle bibliothèque ne figure à l'inventaire, la plus grande partie des meubles ayant été enlevée précédemment comme il est dit plus bas.

La partie immobilière est représentée par les métairies de Larché, de Potiron, et du Genetay, par la closerie de la Cour.

Audit inventaire se trouve présent le « procureur de noble » et puissant Félix de Chourses, chevalier, seigneur de

(1) Arch. du château de Créans.

» Malicorne et de dame Madeleine de Baïf, son épouse,
» seigneur et dame du dit lieu des Pins, lequel a remontré
» que ledit inventaire était inutile parceque de droit les
» meubles appartiennent audit seigneur de Malicorne et à sa
» femme, ledit défunt Lazare de Baïf étant puiné et ne tenant
» le lieu des Pins qu'en usufruit. Les meubles mêmes étaient
» en plus grand nombre qu'ils ne sont aujourd'hui lorsqu'il
» entra en jouissance, comme il apparaît par le partage fait
» entre défunt François de Baïf, chevalier, seigneur de
» Mangé, frère ainé défunt du dit et ladite dame de Malicorne ».

Ces procédures à la mort de Lazare de Baïf se justifiaient
par ce fait qu'il ne laissait pas d'enfants légitimes, mais un
fils naturel, issu d'une liaison contractée pendant son am-
bassade de Venise avec une personne de la noblesse de
cette ville. Jean-Antoine de Baïf, ce descendant contesté
par les parents du père, obtint cependant la propriété du
petit manoir des Pins qu'il ne tarda pas à illustrer par une
renommée dans les lettres au moins égale à celle de Lazare;
le seigneur de Malicorne dut lui abandonner le titre de
seigneur des Pins qu'il avait pris tout d'abord.

Lazare de Baïf qui se piquait d'hellenisme, selon la mode
du temps, avait fait graver au-dessus de l'entrée principale
de sa demeure une devise en caractères grecs dont la tra-
duction est : « Hâte-toi lentement ».

Placée sous l'auvent qui couvre le palier d'une scalier, elle
est entourée d'ornements d'un joli style.

A l'intérieur une belle cheminée bien conservée orne la
salle principale dont les poutres sont supportées par des
corbeaux sculptés.

Ces vestiges, dignes du goût le plus éclairé, demeurent
encore là pour rappeler la mémoire des deux illustres per-
sonnages qui ont habité ce petit coin de terre.

Le *fief de la Lande* était, après celui des Pins, le plus
important du territoire de Verron. Il existe encore une

ferme de ce nom, située dans la plaine, entre la route départementale et le chemin de fer.

En 1350, dame Jeanne de la Lande épousa messire Dreulx Fresneau, chevalier, seigneur de Créans, puissant personnage que nous retrouverons plus tard dans une autre étude.

En 1356, Girard de la Lande, donna la terre, fief et seigneurie de la Lande à Hardouin Fresneau fils de Dreulx Fresneau.

Ce fief après avoir suivi la fortune de Créans devint la propriété des Foucquet de la Varenne (1613) (1).

Un autre fief, celui *de la Crochinière*, n'est connu qu'au XVIIIe siècle.

En 1722, il appartenait à Nicolas Cauvin, écuyer, conseiller du roi, ancien prévôt de la maréchaussée provinciale de la Flèche et de Beaumont, mari de Josephe Fontaine. En 1778, il était à Louis-René Nau, chevalier de l'Étang, ancien chef de brigade au corps royal d'artillerie, seigneur du Perray, mari de Magdelaine Caussin.

La Crochinière est aujourd'hui la demeure de M. Souchard, agriculteur distingué, dont les cultures et les animaux sont des modèles pour le pays.

Au sommet du côteau, sur la lisière des vignes qui finissent et sur la bordure des bois qui commencent, s'élève une ferme nommée *Hardou*, ancienne demeure d'une certaine apparence. On y lit, au-dessus d'une porte, cette inscription :

1749

HARDOV . APARTENATA . PIERRE

LE . BLES . ET . A IEAN . LE . BLES . SON . FILS . ET . A

ANNE . BLES . EPOVS . DE . RENEE . HAROID . GRAND

CHANS . RENEE . HAROID . HARDOV . A . LVI . APARTENA

NT.

(1) Fonds Choiseul, à La Flèche.

IV

NOTES RELATIVES AU CLERGÉ, A L'ÉGLISE, AUX FONDATIONS,
A LA CURE (1).

1515. *Compte d'Étienne Chauvelier, procureur de fabrique :*
Mises faites pour la construction d'une chapelle en l'église
de Verron. — Pour les maçons qui ont fait les murailles : 12
livres. — Pour les charpentiers : 9 livres. — Aux couvreurs :
100 sous. — 73 tufleaux : 6 livres 12 sous. — Bœuf et lard
pour les charretiers qui ont amené un chêne : 3 sous
6 deniers. — Vitrage : 6 livres. — ..... Dépense totale de
ladite chapelle : 66 livres 17 deniers.

1523. *Compte de Jean Le Barbier, procureur de fabrique :*
.... Trois crampons de fer pour un dressoir à mettre le
pain bénit et pour pendre la bannière : 20 deniers. — Un
voyage à Angers pour la fabrique : 10 sols.

1526. Étienne Bertran, prêtre, fonde une messe.

1534. René Bongendre, prêtre, fonde un service de trois
grandes messes.

1543 : Jean Gaultier, prêtre, fonde une messe.

1566 : Jean Toutain, tailleur et valet de chambre de monseigneur d'Orléans, fonde un service.

16 août 1644. Bornage entre Guillaume Lebouc, chapelain
d'Yvandeau, et René Couaslier, curé de Verron qui était
aussi chapelain de La Chapelle-au-Vicomte.

1770. *Compte de Pierre Chauvelier, procureur de fabrique :*
Recettes : ....

Dix livres de rente due par la veuve de M. Le Royer de
la Touche, médecin à la Flèche.

25 sols de rente pour une grand'-messe fondée par feu
Macé Guesneau, prêtre.

(1) Arch. dép. de la Sarthe, G. 899 et 900.

7 sols 6 deniers pour un pain à bénir, légué par damoiselle Charlotte Houdan dame de Bouchevreau, dus à présent par Chauveau, cordonnier à la Fèche, comme possesseur du lieu de Bouchevreau.

1785. *Compte de Jacques Molière procureur de fabrique :* Recettes : ....

20 sols dus par M. Micault de la Garlandière, conseiller à la Flèche, pour son banc.

1790. Achat d'une horloge à M⁰ Bunel, horloger à la Flèche ; payée 300 livres.

Le clocher de Verron ne renferme qu'une cloche. On accède au beffroi par un petit escalier tournant en pierre et l'on peut lire sur la cloche, à travers un dédale de charpentes vermoulues, l'inscription suivante en lettres capitales : † L'AN 1790 IEMAPELE MARIE Mr B. BOURDAIS CURÉ DE CETTE PAROISSE PARAIN Mr MICHEL GIROUST DE ROUIEMONT BACHELIER CURÉ DE VILLAINES MARAINE DAME MARIE JOSEPH LOUISE LE MERCIER ÉPOUSE DE Mre ÉTIENNE JACQUES BODIN. En outre, un écusson gratté laisse encore entrevoir un fond d'azur et un chevron accompagné de trois... Le tout est surmonté d'un casque.

L'église, fort délabrée et très pauvre, est constituée par une nef et par trois chapelles successives élevées du côté de l'Épitre ; leurs pignons donnent sur la place. Elle fut achetée le 22 thermidor an IV des administrateurs du départ_tement de la Sarthe par François Bidault qui la revendit, le 28 décembre 1812, pour le prix de 2,962 f. 96 c. à un groupe d'habitants de Verron. Ceux-ci la rendirent au culte (1).

La cure, jusqu'ici installée dans un bâtiment construit en 1866, vient d'être transportée dans les anciens locaux du prieuré situés derrière l'église et enclos de douves.

De grandes caves voûtées, entièrement bâties au-dessus du sol, à cause du voisinage de l'eau, et une grange adossée

(1) Arch. de la cure de Verron.

à l'église, méritent l'attention par leur aspect antique sinon par leur architecture.

Curés de Verron.

1444-1445. — *Bertrand Chicherie*. Il eût un procès compliqué avec le couvent de Saint-Jacques de la Flèche, au sujet des dîmes perçues par ce couvent dans l'étendue de la paroisse de Verron (1).

28 juin 1468. — *Étienne Le Coeffé*.

1509. — *Jean Gautier*. Il renouvela les difficultés faites au couvent de Saint-Jacques par son prédécesseur (2).

8 avril 1597-1614. — *Jean Arthus*.

1623. — *Florimond Pezé* (3).

16 août 1644. — *René Couaslier*.

1669-1670. — *Laurent Piron* (4).

1672-1686. — *Jean Androuin*. Il fit une requête au lieutenant-général du présidial de La Flèche, tendant à ce que le revenu de la cure de Verron, très insuffisant, fut abandonné aux décimateurs, et remplacé par 450 livres payées par qui de droit, savoir 300^l pour la portion congrue du curé et 150^l pour l'entretien du vicaire (5).

1720-1733. — *Le Breton*.

1736-1783. — *Julien Martin*. Il démissionna et vécut encore quelque temps à Verron.

1783-1788. — *Julien-Adrien Pilon*. Il mourut le 28 septembre 1788, âgé de 49 ans et fut enterré à Verron.

1788. — *B. Bourdais* (6).

---

(1) Arch. dép. de la Sarthe, II. 595. — Le couvent de Saint-Jacques avait plusieurs propriétés dans la paroisse de Verron, outre ces dîmes, entre autres le moulin.

(2) Arch. de la fabrique de Verron.

(3) Arch. dép. de la Sarthe, II. 599.

(4) Arch. dép. de la Sarthe, II. 611.

(5) Arch. de la fabrique de Verron.

(6) Arch. dép. de la Sarthe, II. 620.

Vicaires de Verron.

1690. — Mathurin Audrouin.

1721. — Sigoigne.

1736-1782. — René Buisneau. Il fut enterré le 4 avril 1787 à l'âge de 74 ans, étant depuis cinq années chapelain de Malicorne à Crosmières.

Prêtres de Verron.

1534. — Macé Potier.

1543. — Jean Gaultier.

1573. — René Le Barbier.

1590-1605. — Étienne Hardy.

V

CHAPELLES ET BÉNÉFICES

*Chapelle de Saint-Jean-Baptiste, aussi nommée
de Bouard ou encore des Guérêts.*

La fondation de cette chapelle remonte au 3 octobre 1469. Jean Richer et Marguerite Bidault, sa femme, paroissiens de Verron, seigneurs de la Richeraie en Bazouges, firent don de quelques héritages dont le revenu était destiné à célébrer deux messes par semaine en l'église de Verron. La présentation du titulaire devait appartenir aux enfants des fondateurs et après eux, au curé de Verron.

En 1499, cette fondation fut remaniée, précisément par l'un des enfants des premiers auteurs, Jean Richer, curé de Villaines. Celui-ci dotait plus amplement la chapellenie au moyen de sa propriété de Bouard située en Villaines et la mettait sous le vocable de Notre-Dame et de saint Jean-Baptiste. Il gardait d'abord pour lui le droit de présentation, puis le léguait à son neveu, Simon Meignan, sieur de la Richeraie. Le titulaire devait toujours être un membre de la lignée des Richer, s'il en existait; le nouveau fondateur présentait Ambroise Richer et à son défaut, comme il n'était pas encore prêtre, son frère René. L'acte qui consacrait ces choses fut signé, le 25 juin, par Jean de Montplacé, sieur de la Gilbardière et par messire Nicolas Gervé, prêtre.

En 1527 la chapelle de Bouard vacante par le décès de Guillaume Richer, qui en était titulaire, est donnée à Pierre Besnard, clerc.

En 1557, Jean Richer, sieur de Mollans, curé de Lésigné, petit-neveu du fondateur, chapelain de Bouard, vint à mourir. Ses biens sont partagés entre René Bidault, mari de Françoise de l'Épinay, et René Richer.

Au milieu du XVIIᵉ siècle, le titulaire se nomme Arthus Proucheteau, prêtre habitué à Saint-Thomas de La Flèche, demeuré en fonctions jusqu'à l'époque de sa mort (1660).

Aussitôt après, Pierre Périsson (1) prend possession, présenté qu'il était par René Le Clerc, chevalier, baron de Santray, mari de Madelaine de Courvais, et à cause d'elle, seigneur de la Richeraie.

Au bout de deux ans (15 déc. 1662) nouveau titulaire. Gabriel Lepelletier, demeurant à Paris au séminaire de Saint-Sulpice, prend possession par l'intermédiaire de Jean Perrotin, prêtre de La Flèche.

Le 8 mars 1714, François de Rouvray, sieur des Mortiers, seigneur de la Richeraie, la chapelle étant vacante par le

---

(1) Pierre Périsson prouve sa généalogie de la façon suivante :

De Mathurin Le Febvre, licencié ès lois, seigneur de Launay, et de Marguerite Richer, son épouse, nièce de Jean Richer curé de Villaines, fondateur, sont issus huit enfants — du nombre desquels est Michel Le Febvre d'où est issue (et de Geneviève Daviau) Hilaire Le Febvre mère de Pierre Périsson.

décès de Georges Guyot, dernier titulaire, présente Jean-Baptiste Belin, prêtre, bachelier en théologie, issu de la race du fondateur (1). Au mois de mai suivant, lorsque M. Belin veut prendre possession il se trouve en présence d'un autre prétendant, Pierre Harrouard ; il intente un procès qu'il perd ; mais son compétiteur étant décédé en 1733 il se fait enfin pourvoir sans difficulté.

Il meurt le 19 novembre 1741. Louis-François Belin, gradué en l'Université d'Angers, curé de Parcé, le remplace non sans peines. Il se voit d'abord inquiété par Jean Lamé prêtre de la Flèche, déjà à la tête d'autres bénéfices dans le pays ; puis par un second Pierre Harrouard, qui renouvelle contre lui la querelle intentée au premier Belin par le premier Harrouard. Louis François Belin ne devient tranquille qu'en 1749 et reste titulaire jusqu'en 1767, époque où M⁰ Janvier, curé de Parcé, lui succède pour figurer encore en 1774.

En 1730, le bénéfice de saint Jean-Baptiste n'avait pas d'autre revenu que celui de la closerie de Bouard affermée 150 livres. Les charges étaient estimées à cent livres savoir : 2 messes par semaines : 50 livres — entretien des bâtiments : 20 livres — rente féodale de 15 boisseaux d'avoine et de 60 sols à la seigneurie de Bonnefontaine : 15 livres — curage tous les cinq ans d'un ruisseau qui alimente un moulin : moyenne annuelle 10 livres (2).

(1) Jean-Baptiste Belin, curé de Parcé (1717), doyen des chanoines du chapitre royal de Saint-Pierre du Mans (1731), prouve qu'il descend de la ligne du fondateur par les Bidault. Il est fils du sieur Belin, conseiller au Mans et de dame Olivier, laquelle était fille d'Angélique Le Loyer et de René Olivier, lequel était fils de René Olivier et d'Anne Bidault, laquelle était fille d'Antoine Bidault et d'Anne Le Thellier, lequel était fils de Catherine Le Gaigneur et de René Bidault, fils de Jean Bidault et de Guillemine Richer, sœur du fondateur. Il produit un acte du 4 mai 1476 qui est le partage des biens de Jean Richer de Mollans et de Jeanne Enaudet sa première femme, entre Jean Richer, fondateur, son fils du premier lit et Jean Richer, Guillemine Richer, ses enfants du deuxième lit.

(2) Pour tout ce qui concerne la chapelle de Bouard : Arch. dép. de la Sarthe, G. 899 et 900.

Chapelle Saint-Sébastien.

Cette chapelle fut établie en 1470 par Jean Richer des Mollans dont nous avons déjà cité le nom au cours de l'article précédent ; aucun document ne permet d'en établir l'histoire (1).

Chapelle de la Grimonnière.

Autre bénéfice peu connu. Jean Toutain en était chapelain avant 1515 et Mᵉ Bidault en 1770 (2).

Chapelle de la Coudrais.

Fondée le 2 janvier 1619 par Étienne Le Barbier, prêtre. Il donne le droit de présentation au curé et au procureur de fabrique de Verron, à la condition qu'ils choisiraient un prêtre de sa famille ou, s'il n'y en avait pas, un prêtre né à Verron. Il désigne comme premier titulaire Étienne Le Barbier, son neveu, où, à son défaut, Raoul Toutain, fils de Jacques Toutain et de Perrine Le Barbier. Le service consiste en deux messes par semaine à l'autel Notre-Dame.

En 1651, Jean Hérissé fonde une messe à desservir à ce même autel et en pourvoit Charles Toutain, sous-diacre, ce qui amène une confusion d'où naît, en 1672, une discorde entre trois prétendants à la totalité : Charles Toutain ; Jean Toutain, vicaire de Crosmières ; Antoine Le Barbier, clerc tonsuré, chanoine de Saint-Laud d'Angers. Le premier obtient gain de cause.

(1) Arch. dép. de la Sarthe, G. 899.
(2) Arch. dép. de la Sarthe, G. 899.

VI

Le prieuré de Verron établi, comme je l'ai dit, près de l'église, dans les bâtiments où est maintenant installée la cure, avait été fondé par les seigneurs de la Flèche. Il était membre dépendant de l'abbaye de Saint-Serge d'Angers. Le 19 février 1522, une déclaration rendue à la baronnie de La Flèche par le prieur commandataire, Jean Bidault, prêtre, en montre à peu près l'importance et le revenu : Article 1er Maisons, cour, jardins, pressoirs, quatre journaux de terre, onze hommées de pré. — Art. 2. Vingt quartiers de vigne. — Art. 3. La métairie de la Bouthénarie contenant trente journaux. — Art. 4. Des dîmes dont la valeur n'est pas relatée. Ce prieuré fut uni vers 1635 à la maison des prêtres de l'oratoire d'Angers. Il relevait du marquisat de la Varenne par le moyen des fiefs des Sars et des Pins.

Les Oratoriens avaient été appelés à Angers par l'évêque Miron, en 1623. Ils desservaient déjà, depuis 1619, la chapelle de N.-D. des Ardilliers à Saumur. Les Oratoriens formaient une congrégation que M. l'abbé (ensuite cardinal), de Berulle venait d'instituer en France.

Détail de la ferme du Prieuré de Verron,
suivant la déclaration rendue au marquisat de la Varenne
le 17 décembre 1729, avec les charges dudit prieuré.

La métairie de Verron (maison, jardins, prés, terres).

La métairie des Courbes-Brulées (maison, jardin, prés, terres).

Dîmes en la paroisse de Verron, sur partie de l'étendue du fief des Sars.

Dîmes en la paroisse de Saint-Thomas, sur partie de l'étendue du fief des Sars.

Dîmes en la paroisse de Saint-Germain-du-Val, sur partie de l'étendue du fief des Sars.

Dîmes sur l'étendue de partie du fief des Pins.

Les deux métairies contiennent :

En terres labourables : 67 journaux.

En prés : 48 hommées.

En vignes : 19 quartiers.

Les dîmes en grains se lèvent sur 141 quartiers (1).

Charges du Prieuré de Verron.

Il est dû chaque année à Noël et à Pâques, par égale quantité chaque fois, au marquis de la Varenne, huit échaudés et huit jallons de vin, ce qui est estimé à 17ˢ 5ᵈ.

Deux messes par semaine pour le seigneur des Sars.

On paye pour leur rétribution : 60ˡ.

Six septiers de blé aux pauvres de la paroisse, évalués 70ˡ.

A M. l'abbé de Saint-Serge d'Angers, huit septiers de seigle évalués 55ˡ.

Au même abbé, un cochon évalué 45ˡ.

A Monseigneur d'Angers, 11ˡ 13ˢ 4ᵈ.

A M. le Grand archidiacre, 2ˡ 10ˢ.

Le fermier est chargé par son bail de donner à dîner à M. le curé, au vicaire, au sacristain, au procureur de fabrique, les jours de Pâques, de Pentecôte, de Saint Pierre, de la Toussaint et de Noël. Le tout est évalué 25ˡ.

Le fermier donne, tous les ans, aux prêtres de l'oratoire d'Angers, douze poulardes de Mézeray évaluées 9ˡ. :

Le total des charges s'élève à 278ˡ 7ˢ 9ᵈ.

Le bail commençant en 1743 est passé au prix de mille livres et trois cents livres de pot de vin.

(1) Arch. dép. de la Sarthe, G. 897.

VII

EXTRAIT DES REGISTRES DE LÉTAT-CIVIL

11 sept. 1690. — Mariage de Joseph Deslandes, écuyer, sieur de Vau-Fontaine, capitaine au régiment d'infanterie de la Reine, fils de Jacques-Joachim sieur Deslandes, capitaine au même régiment, et de Marguerite de Manheule, demeurant à Paris, avec Jeanne de la Touche le Roier, fille de feu Nicolas Le Roier, avocat du roi au grenier à sel de Malicorne et de La Flèche, et de Jeanne Mignon.

1757. — Décès d'un enfant de Julien David La Lamerie et de Anne-Suzanne Gallois.

1785. — Mariage de René-François Cullerier et de demoiselle Louise-Charlotte Micault de la Maillardière, fille de feu Charles Micault et de Renée Rouleau demeurant à Verron. Témoins de l'époux : Jean Drouault, chirurgien à La Flèche ; Jean Le Long, clerc tonsuré à La Flèche. Témoins de l'épouse : Rosalie Micault de la Tuffère, sa sœur ; Urbain J.-B. Rocher, procureur en la sénéchaussée et siège présidial de La Flèche.